Maria Holl

5 Minuten für dich

südwest

Maria Holl

5 Minuten für dich

52 Karten mit einzigartigen Übungen
für mehr Liebe zu sich selbst und anderen

Mit Illustrationen von Daphne Patellis

Inhalt

Vorwort

Dieses Buch ist für alle gedacht, die ihre Liebe und Liebesfähigkeit spüren und ausdrücken wollen. Liebe bewegt die Welt. Sie ist immer vorhanden, hier, jetzt und überall. Doch viele Menschen sind durch schmerzhafte Ereignisse in ihrem Leben so verschreckt, dass sie glauben, es gäbe keine Liebe mehr.

Menschen aus Kulturkreisen, in denen sie in ihrer Kindheit mehr Freude und Aufmerksamkeit erfuhren und mehr als Kinder leben durften, bewahren sich auch als Erwachsene ein offenes Herz. Bei uns aber stehen Besitz, Ansehen und Ausbildung im Vordergrund. Zu viel zu wollen und zu müssen, zu viel Gehorsam und Struktur verschließen das Herz. Unsere westliche Kultur kennt kaum Lehrer oder Programme, die den Menschen zur Liebe zurückführen.

Das 5-Minuten-für-dich-Programm ist ein einfacher Weg, zu Ihrem eigenen Herzen und zu den Herzen der anderen zurückzufinden. Damit Sie Ihre Liebe, die Liebe der anderen, Glück und Leichtigkeit wieder fühlen können.

Ihre Maria Holl

Was Ihnen das Programm bietet

Die Übungen helfen Ihnen, Herz und Körper zurückzugewinnen. Liebe hat mit Fühlen und Wahrnehmen zu tun und wird im Herzen, einem Organ des Körpers, erlebt. Um Ihre Liebe wieder zu spüren, müssen Sie zuerst wieder Ihren Körper spüren. Im ersten Kapitel fühlen Sie in die verschiedenen Bereiche Ihres Körpers hinein und beginnen so, Ihren Körper wieder wahrzunehmen.

Im zweiten Kapitel konfrontieren Sie sich mit Ihren Vorstellungen und Entscheidungen im Hinblick auf Liebe in Ihrem Leben. Für Liebe, die Sie geben wollen, können Sie das Liebesziel selbst wählen: Beziehungen, Kinder, Natur, Arbeit und so weiter. Je klarer Sie Ihr Ziel festlegen, desto eher werden Sie es erreichen. Sie stellen sich Erinnerungen an verlorene Lieben, Schmerz, Wut und Hass und finden langsam wieder in die frühere Qualität des Lebens zurück, als Ihr Herz noch offen und frei war.

Die Herzen vieler Menschen sind verschlossen, müde, enttäuscht und ermattet. Das Beleben von Gefühlen wie Wut, Hass, Trauer, Schmerz, Resignation und ihr geordneter Ausdruck befreien Körper, Gedanken und Herz. Im dritten Kapitel löschen Sie schmerzhafte Erinnerungen aus und verzeihen. Und Sie stellen fest, dass plötzlich wieder Inspiration und Kraft in Ihrem Leben sind.

Damit Sie neuen Mut bekommen, muss das verletzte Herz wieder heil werden. Indem Sie im Kapitel 4 den Herzensschmerz zum Ausdruck kommen lassen, erhalten Sie ein Gefühl für Ihr Herz zurück. Achtung: Die Übungen 34, 35, 38 und 39 sind für Menschen mit Herzbeschwerden oder -krankheiten nicht geeignet!

Das fünfte Kapitel zeigt Ihnen, dass Sie, ohne sich selbst zu lieben, keine Liebe geben können und für Erschöpfung, Depression und Resignation anfällig sind. Liebe zu sich selbst aber heilt den Körper, füllt ihn mit Energie, beflügelt ihn und macht ihn leichter und licht. Und sie wandelt sich um in Liebe, die für andere da ist.

In Kapitel 6 lassen Sie Ihre Liebe nach außen fließen, zu Menschen, in die Natur oder zu Projekten. Bei Erschöpfung und Resignation und zur Heilung von leichten Depressionen und Lustlosigkeit machen Sie das Programm der Reihe nach von Übung 1 bis 52.

Liebe durchfließt und bewegt alles in der Welt. Die universelle Liebe ist stets da, auch wenn Sie sie nicht fühlen. Verbinden Sie sich in Kapitel 7 mit dieser immerwährenden Liebe.

Anleitung für das
5-Minuten-für-dich-Programm

Sie möchten mit dem Programm »5 Minuten für dich« die Chance ergreifen, Ihre Liebe im Leben wieder zu fühlen und mit der Welt zu teilen. Widmen Sie jeden Tag fünf bis fünfzehn Minuten intensiv Ihrem Übungsprogramm. In welcher Reihenfolge Sie die Lektionen ausführen, hängt ganz von Ihnen ab. Entweder Sie lesen das Buch zunächst durch und machen dann systematisch Übung 1 bis Übung 52. Lesen Sie die ausführliche Übungsanleitung im Buch, und legen Sie sich die entsprechende Karte mit der Anleitung ins Portemonnaie. Üben Sie einmal am Tag, und bleiben Sie jeweils eine Woche bei einer Übung. Wenn Sie lieber Ihrer Intuition folgen, mischen Sie die 52 Karten und ziehen einfach eine Karte heraus. Lesen Sie die Übungsanweisung im Buch, dann den Text auf Ihrer Karte, und machen Sie die Übung eine Woche lang. Danach ziehen Sie erneut eine Karte und so weiter.

Am besten wechseln Sie die Übungen immer am gleichen Wochentag – beispielsweise immer montags. Sollten Ihnen Übungen sinnlos oder merkwürdig vorkommen oder unangenehm sein, verschieben Sie sie einfach auf einen späteren Zeitpunkt.

Herz und Körper zurückgewinnen

Um die Liebe erneut spüren zu können,
müssen Sie zuerst einmal wieder
Ihren Körper spüren.

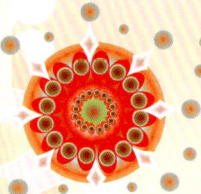

1

Den Körper wahrnehmen

Reisen Sie durch Ihren Körper, und fühlen Sie in die verschiedenen Körperteile. Wenn dies nicht gelingt, reiben Sie die entsprechenden Partien mit den Händen.

Den Körper wahrnehmen

Legen Sie im Sitzen Nacken und Kopf zurück und Ihre Füße hoch. Fühlen Sie mit geschlossenen Augen in Ihren Kopf hinein. Wie fühlt sich Ihr rechtes Auge an, wie das linke? Wenn Sie die Augen nicht fühlen können, reiben Sie mit den Händen leicht darüber. Spüren Sie dann Ihre Schultern. Lassen Sie die rechte Schulter sinken, dann die linke. Können Sie sie nicht fühlen, reiben Sie leicht mit der Hand darüber und lassen sie dann sinken. Spüren Sie Ihr Becken. Legen Sie die Hände darauf, und spüren Sie, ob Sie es beim Ein- und Ausatmen fühlen. Reiben Sie leicht darüber, unter dem Bauchnabel. Reiben Sie die rechte und linke Hüfte, und spüren Sie Ihr Becken. Fühlen Sie langsam hinunter zu den Knien, und reiben Sie sie bei Bedarf leicht mit beiden

Händen. Spüren Sie Ihre Füße. Prüfen Sie mit den Händen, ob sie warm oder kalt sind. Stellen Sie sich vor, Ihr Atem fließt beim Ausatmen leicht über Ihre Brust zu Ihrem Bauch, Ihren Beinen und Füßen hinunter, jeden Tag etwas weiter. Machen Sie diese Übung zwei Tage lang.

Am dritten und vierten Tag fühlen Sie in Ihren Kopf hinein, fühlen Sie den Mund. Reiben Sie leicht mit der rechten Hand darüber. Fühlen Sie Ihren Hals, reiben Sie ihn leicht. Dann spüren Sie Brust und Brustkorb. Reiben Sie mit den Händen darüber. Spüren Sie Ihr Becken, reiben Sie leicht darüber, dann Knie und Füße. Spüren Sie mit den Händen, wie sich Ihre Füße anfühlen, und lassen Sie den Atem beim Ausatmen an sich hinunterfließen.

Am fünften Tag fühlen Sie Ihren Nacken und reiben ihn leicht mit der Hand. Fühlen Sie Ihren Rücken, versuchen Sie, ihn mit der Hand leicht zu massieren. Spüren Sie Ihren rechten Arm. Sind Teile davon nicht fühlbar, massieren Sie ihn, dann Ihren linken Arm, und lassen Sie die Schultern wieder sinken. Atmen Sie über Ihre Schultern, Arme, Hände, dann über Brustkorb, Bauch, Beine und Füße aus. Am siebten Tag nehmen Sie von Kopf bis Fuß alles wahr. Machen Sie die Übung jeden Tag fünf Minuten, und beenden Sie sie damit, über Ihren Körper auszuatmen.

2

Die Hände wahrnehmen
und massieren

Massieren Sie Ihre Hände.
Dann schütteln Sie imaginäre Formen
aus den Händen heraus.

Die Hände wahrnehmen und massieren

Legen Sie die Hände an die Wangenknochen. Spüren Sie auf dem
Gesicht, wie sich Ihre Hände anfühlen: warm, kühl, feucht, trocken,
rau oder weich. Massieren Sie leicht und liebevoll mit der rechten über die linke Hand, dann mit der linken über die rechte. Ist
die Hand sehr kalt, nehmen Sie wahr, wo die Kälte beginnt. Massieren Sie die Übergänge zwischen den warmen und kalten Stellen, mit jeder Hand ein bis zwei Minuten lang. Schütteln Sie
anschließend die Hände sanft aus, und lassen Sie dabei imaginäre
Würfel, Bälle, Dreiecke oder Ähnliches aus den Fingern fallen.
Sind die Hände rissig und rau, massieren Sie mit einer Creme.
Wenn Sie sehr unruhig sind, schütteln Sie die Hände und Arme
erst einmal kräftig aus, und lassen Sie so die Unruhe heraus.

3

Die Füße massieren

Massieren Sie Ihre Füße, besonders liebevoll an den Übergängen von den warmen zu den kalten Partien. Zum Schluss schütteln Sie Formen aus den Füßen heraus.

Die Füße massieren

Spüren Sie mit den Händen, wie sich Ihre Füße anfühlen: warm, kühl, feucht, trocken, rau oder samtweich. Nehmen Sie den rechten Fuß in beide Hände, und massieren Sie ihn sehr sanft. Ist er sehr kalt, nehmen Sie wahr, wo die Kälte beginnt, und massieren liebevoll die Übergänge zwischen den warmen und kalten Stellen, ein oder zwei Minuten lang. Anschließend schütteln Sie sanft beide Füße aus und lassen dabei in Ihrer Vorstellung Würfel, Bälle, Dreiecke oder Ähnliches herausfallen. Dann schütteln Sie auf die gleiche Weise Ihre Hände aus. Danach gehen Sie genauso mit dem linken Fuß vor. Nachdem Sie beide Füße massiert haben, schütteln Sie sie aus und lassen wieder imaginäre Formen herausfallen. Machen Sie danach das Gleiche mit Ihren Händen.

4

Die Beine öffnen

Stellen Sie sich Ihre Beine von innen
als Röhren vor, und streichen Sie sie
mit einem weichen Tuch von den
Oberschenkeln bis zu den Zehen aus.

Die Beine öffnen

Ihre Beine führen Sie durch die Welt. Mit ihnen können Sie in
die Welt hinausschreiten, sie erkunden und mit Liebe aufnehmen.
Spüren Sie mit beiden Händen, wie sich Ihre Beine anfühlen.
Streichen Sie mit den Händen langsam an den Beinaußenseiten
entlang nach unten und an den Innenseiten langsam wieder nach
oben. Dadurch unterstützen Sie die Venen, das Blut zurück zu
Ihrem Körper zu bringen. Diese Übung ist besonders gut, wenn
Sie viel stehen oder sitzen müssen oder wenn Sie bereits eine
Neigung zu Krampfadern haben. Massieren Sie Ihre Beine ein bis
drei Minuten lang. Eventuell massieren Sie die Haut mit einer
guten Creme. Die Massage ist aber genauso wirkungsvoll, wenn
Sie sie auf der Kleidung ausführen.

Nachdem Sie die Beine einige Tage so massiert haben, spüren Sie in die Beine hinein. Stellen Sie sich vor, dass Sie mit einem weichen, weißen Lappen von Ihrer rechten Leiste zu Ihrer linken Leiste entlangstreichen. Ihr rechtes Bein ist eine wunderschöne weiße Röhre, die bis unten zu den Füßen offen ist. Sie streichen zuerst in der Oberschenkelröhre, dann im Knie, danach in der Wade entlang. Die Röhre bleibt überall gleich breit.

Ihr rechter Fuß ist ganz offen. Sie können den ganzen Fuß im Inneren entlangstreichen, Ferse, Mittelfuß und alle Zehen. Beginnen Sie mit dem kleinen rechten Zeh, ziehen Sie den Lappen heraus wie bei einer Pfeife, die Sie putzen wollen, und machen Sie Zeh für Zeh weiter, bis Sie am großen Zeh angekommen sind. Die gleiche Übung führen Sie auch mit dem linken Bein durch.

Wenn Sie beide Beine innerlich geputzt haben, setzen Sie sich in Ruhe hin, atmen in Ihr Becken ein und aus diesen beiden »Röhrenbeinen« heraus aus. Sie können dem Atem beim Ausatmen eine Farbe geben: rosa, wenn Sie sehr unruhig sind, lichtblau, lichtgrün oder weiß. Wählen Sie auf jeden Fall eine helle und pastellige Farbe. Diese Übung ist sehr hilfreich, wenn Sie unter Ein- oder Durchschlafstörungen leiden.

5

Das Becken öffnen

Streichen Sie in Ihrer Vorstellung Ihr
Becken mit einem weichen Tuch aus.
Atmen Sie in Ihr Becken ein und aus dem
Becken zu den Beinen und Füßen aus.

Das Becken öffnen

Tasten Sie im Sitzen Ihr Becken mit Ihren Händen ab. Spüren Sie
überallhin, unter den Bauchnabel, zu den Hüftknochen, zu den
Gesäßbacken und vor allem in die Tiefe des Beckens hinein.
Streichen Sie das ganze Becken mit einem imaginären weichen
Lappen innerlich aus. Stellen Sie sich vor, Sie streichen die
Gesäßbacke aus und unter den Leisten und Ihrem Schambein her.
Machen Sie dies auch auf der anderen Seite des Beckens unter
der Leiste und unter der Gesäßbacke. Haben Sie das Gefühl, das
ganze Becken ausgestrichen zu haben, nehmen Sie den Lappen
und schütteln ihn in Ihrer Vorstellung aus. Legen Sie beide Hände
unter Ihren Bauchnabel, atmen Sie in Ihr Becken ein und aus dem
Becken und den schon gut geöffneten Beinen und Füßen aus.

6

Das Herz ins Becken legen

Nachdem Sie Ihr Becken ausgestrichen haben, stellen Sie sich vor, Sie legen Ihr Herz in das Becken und lassen es einige Minuten darin liegen.

Das Herz ins Becken legen

Streichen Sie Ihr Becken im Sitzen mit einem imaginären Lappen sanft aus. Es wird dabei ganz hell und licht. Stellen Sie sich vor, Sie legen ein wunderschönes Herz in Ihr Becken, ein gemaltes, goldenes, organisches Herz, eine Herzskulptur oder ein Stoffherz. Sie legen es hinein, nehmen den Lappen aus Übung 5 und streichen damit zärtlich über das Herz, als würden Sie es liebevoll entstauben oder in kleinen rotierenden Bewegungen streicheln. Lassen Sie es danach einige Minuten in Ihrem Becken liegen. Atmen Sie zuerst in Ihren Bauch ein und aus. Dann atmen Sie in Ihren Bauch ein und lassen den Atem beim Ausatmen über das Herz zu Beinen und Füßen nach unten fließen. Das machen Sie mindestens fünfmal. Diese Übung entspannt Becken und Herz.

7

Den Rücken stärken

Lehnen Sie sich mit dem Rücken gegen den Türholm, und gehen Sie leicht in die Knie. Massieren Sie Ihre Rückenstrecker durch leichte Auf- und Abwärtsbewegungen.

Den Rücken stärken

Stellen Sie sich mit dem Rücken an einen Türholm, die Ecke eines Schrankes oder Regals. Gehen Sie leicht in die Knie, und drücken Sie Ihre rechte Rückenhälfte neben Ihrem Rückgrat gegen den Holm, so dass die langen Rückenstrecker massiert werden: zuerst der Bereich zwischen Rückgrat und rechtem Schulterblatt, dann die Gegend um die Taille und dann der Beckenbereich bis zum Gesäß. Danach strecken Sie die Beine wieder. Drücken Sie niemals direkt auf die Wirbelsäule. Treten Sie vor, und schütteln Sie Beine und Füße aus. Wiederholen Sie das dreimal. Achten Sie darauf, dass Ihre Füße dabei warm sind. Nach der rechten massieren Sie die linke Seite ebenso, ebenfalls dreimal. Das gibt Ihrem Rücken Kraft und hilft bei Rücken- und Nackenschmerzen.

8

Den Hals massieren

Massieren Sie Ihren Hals ganz sanft von
der Halswirbelsäule nach vorne zum
Schlüsselbein, dann am oberen Ansatz
von der Schädelbasis bis zur Kehle.

Den Hals massieren

Da der Hals sehr empfindlich ist, muss die Massage ganz sanft
sein. Benutzen Sie ein Massageöl oder eine Lotion, und massieren Sie den unteren Halsansatz mit Zeigefinger oder Daumen in
kleinen kreisenden Bewegungen. Beginnen Sie hinten an der
Halswirbelsäule, und massieren Sie nach vorne bis zum Schlüsselbein, auf jeder Seite dreimal. Dann schütteln Sie leicht die
Finger aus und lassen imaginäre Formen aus ihnen herausfallen,
wie in Übung 2 beschrieben. Massieren Sie ebenso den oberen
Ansatz des Halses, erst die Schädelbasis, dann langsam und vorsichtig von der Mitte des Hinterkopfes zum Ohr hin bis zur Kehle.
Dann streichen Sie den Hals mit der ganzen Hand vorsichtig aus,
immer von hinten nach vorne, und schütteln die Hände sanft aus.

Mit dem Kopf nicken

Diese Übung ist sehr hilfreich, wenn Sie oft frieren. Oder für
Menschen, die wesentlich weniger fühlen und wahrnehmen als
ihre Freunde, Familie oder Bekannten. Sie legen die rechte Hand
unter den Bauchnabel und die linke an den Hinterkopf. Dann
atmen Sie unter dem Bauchnabel ein und lassen den Atem beim
Ausatmen langsam über die Oberschenkel, zu den Knien und
Füßen nach unten fließen. Falls Ihr Atem anfangs noch nicht bis
zu den Füßen fließt, sondern nur bis zu den Knien, atmen Sie einfach wieder ein und danach von den Knien bis zu den Füßen aus.
Mit fortwährendem Üben wird der Atem nach und nach in einem
Atemzug vom Becken bis zu den Füßen fließen. Atmen Sie mindestens siebenmal bis zu den Füßen aus.

Anschließend beginnen Sie leicht mit dem Kopf zu nicken. Es ist wichtig, dass Sie das Nicken mit der linken Hand spüren. Sie können auch nach rechts oder nach links nicken, als wären Sie Königin Elisabeth oder eine andere bedeutende Persönlichkeit, die huldvoll in die Menge nickt. Nicken Sie ungefähr eine Minute lang, und schütteln Sie danach beide Hände aus. Dann legen Sie die rechte Hand wieder unter den Bauchnabel und die linke Hand an den Hinterkopf und nicken nochmals ungefähr eine Minute lang.

Kombinieren Sie diese Übung am Anfang mit der Bauchatmung, und achten Sie darauf, dass der Atem beim Ausatmen über die Beine und Füße nach unten fließt.

Wenn Sie die Übung einige Male durchgeführt haben, können Sie in jeder Situation einfach nur mit dem Kopf leicht nicken, beispielsweise wenn Sie auf etwas warten müssen. Nützen Sie einfach jede freie Zeit. Wichtig ist, dass Sie wahrnehmen, was dabei passiert.

Bei der Übung kann der Körper sehr viel wärmer werden. Oft fühlt es sich auch an, als würde sich der ganze Körper mit etwas füllen.

10

Einen imaginären Kaugummi kauen

Sie kauen in Ihrer Vorstellung einen großen Kaugummi und spucken dann kleine Kügelchen aus.

Einen imaginären Kaugummi kauen

Durch die Übung fließt wieder mehr Wärme durch den Körper, Kopf, Hals und Nacken werden gelockert, Sie werden spontaner, Zähneknirschen und Schlafstörungen werden verbessert. Spüren Sie, wie sich Ihre Augen anfühlen. Wenn Sie sie nicht fühlen, reiben Sie sie ein wenig, wie in Übung 1 beschrieben. Dann spüren Sie in Ihre Ohren und in Hände und Arme hinein. Schütteln Sie die Arme leicht, und lassen Sie aus den Händen imaginäre Formen herausfallen. Kauen Sie etwa 30 Sekunden lang, als hätten Sie einen dicken Kaugummi im Mund, und hören Sie, wie Ihre Zähne aufeinanderklappern. Dann stellen Sie sich vor, dass Sie ganz viele Kaugummikügelchen ausspucken. Wiederholen Sie die Übung mindestens dreimal.

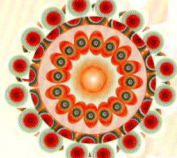

Mit der Handschale ausatmen

Sie legen eine Hand wie eine Schale unter
das Kinn. Mit dem Ausatmen lassen Sie
diese Handschale vor dem Oberkörper so
weit wie möglich nach unten sinken.

Mit der Handschale ausatmen

Sie formen eine Hand zu einer Schale und halten sie unter Ihr
Kinn. Atmen Sie ein und in die Handschale aus. Mit dem Ausatmen sinkt die Handschale vor dem Körper nach unten. Zu Beginn
ist Ihr Atem beim Ausatmen so gering, dass die Hand vielleicht
nur bis zur Taille sinkt. Die Atemschale bleibt auf Taillenhöhe, Sie
atmen wieder ein und lassen die Hand in Ihrer Vorstellung mit
dem Atem weiter sinken. Nach ein paar Tagen fließt der Atem
über Beine und Füße bis zum Boden. Das Ausatmen am Körper
entlang nach unten kennen Sie vom Seufzen. Durch das Strömen
des Atems nach unten wird die Körperkraft – die Chi-Kraft – nach
unten geleitet. Durch tägliches Üben lösen Sie Spannungen im
Oberkörper und lassen sie nach unten abfließen.

12

Den Atem mit einem Ton aktivieren

Eine Hand liegt auf der Brust, die andere auf dem Bauch. Atmen Sie in den Bauch ein und mit einem Ton – »Ha«, »Ho«, »Hu« oder Summen – wieder aus.

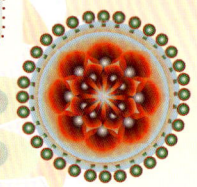

Den Atem mit einem Ton aktivieren

Wenn Sie starken Schmerz im Leben erlebt haben, zieht sich Ihr Körper zusammen. Das ist die normale Reaktion, wenn Sie etwas nicht fühlen wollen oder Ihnen das Gefühlte zu viel ist. Herzschmerz wird stets als sehr intensiv erlebt und hinterlässt immer eine Narbe. Diese Narbe wird auch durch die Übungen nicht verschwinden. Doch der Herzschmerz wird Sie nicht mehr in seiner Gewalt haben. Ihre Erinnerung an das Leid und das gebrochene Herz wird Sie nicht mehr dominieren, sondern Sie werden frei wählen können, ob Sie eine neue Herzensbeziehung eingehen: zu sich, zu anderen, zu Ihrer Arbeit, zu allem, was Sie wollen. Es wird nicht mehr Sie wählen, sondern Sie werden wählen.

Damit das Herz wieder Raum bekommt, ist es notwendig, dass Ihre Lunge sich öffnet und Sie wieder leicht und fließend ein- und ausatmen. Legen Sie eine Hand auf Ihren Unterleib und eine auf Ihre Brust. Fühlen Sie, wo Sie die Atmung spüren: Fühlen Sie sie in der Brust oder im Unterbauch? Die meisten Menschen spüren keine Bauchatmung mehr. Damit jedoch die Bauchatmung aktiviert wird, beginnen Sie mit einem Ton aus- zuatmen. Der Ton ist einfach ein langes »Ha«. Das »Ha« fließt über Ihre Brust entlang, über Ihren Bauch, über Ihre Ober- schenkel, zu Ihren Unterschenkeln, zu Ihren Füßen und über Ihre Füße weg. Das »Ha« fließt, als sei es ein Buchstabe, der in lauwarmem, wunderschönem, hellblauem Wasser fließt.

Wenn Ihnen das »Ha« zu langweilig wird, dann verändern Sie einfach die Töne. Ersetzen Sie das »Ha« beispielsweise durch »Ho« oder »Hu«, oder summen Sie einfach nur. Atmen Sie aber stets mit dem Ton aus, und lassen Sie dabei die Hände auf der Brust und auf dem Unterbauch liegen. Nach einer Weile werden Sie spüren, dass die Ausatmung auch Ihren Unterleib wieder bewegt. Dabei kann sich das Zwerchfell sehr schmerzhaft und eng anfühlen. Trainieren Sie einfach weiter. Sie werden nach und nach wieder lockerer, Ihr Körper wird wieder fühlbarer und die Atmung wesentlich voller werden.

13

Leichte Schocks lösen

Machen Sie Schreibübungen abwechselnd mit beiden Händen – auch mit der ungeübten Hand –, bis Sie das Gefühl haben, dass das Gehirn wirklich arbeitet.

Leichte Schocks lösen

Wenn Herzschmerz oder anderer Schmerz sehr früh im Leben auftraten oder sehr heftig waren, entstehen Schocks, ähnlich wie bei einem Autounfall: Der Betroffene erinnert sich daran, was vor dem Unfall geschah, und weiß, was hinterher passierte, doch dazwischen bleibt eine Erinnerungslücke. Solche Lücken entstehen im Leben bei kleinen oder größeren Schocks. Was passiert danach? Sobald im Leben etwas geschieht, das unbewusst an das scheinbar Vergessene erinnert, reagiert der Mensch darauf auf unverständliche Weise. Er kann nicht anders reagieren. Selbst wenn die Reaktion unvernünftig und irrational ist, hat er keine Wahl. Um einen ersten Schritt aus diesen Lücken heraus zu machen, beginnen Sie mit dieser unüblichen Übung.

Besorgen Sie sich ein sehr großes Blatt Papier, möglichst einen Plakatkarton oder Ähnliches. Ziehen Sie drei Linien quer darüber, so dass die Zeilen möglichst lang sind. Beginnen Sie nun wie ein Schulkind mit Schreibübungen. Schreiben Sie zunächst einfach ein L mit Ihrer gewohnten Schreibhand. Dann nehmen Sie den Stift in die andere Hand und beschreiben mit der für Sie ungewohnten Hand eine ganze Zeile mit dem L. Schreiben Sie in Schreibschrift und so groß, wie die Zeile hoch ist. Es geht nicht darum, schnell zu schreiben, sondern die andere Hand zu trainieren. Wechseln Sie die Hände fünf- bis siebenmal.

Am nächsten Tag nehmen Sie noch größere Blätter: Der Zeilenabstand sollte zehn bis 15 cm betragen. Schreiben Sie ein großes L und ein E, erst eine ganze Zeile mit Ihrer gewohnten Schreibhand, dann mit der anderen Hand. Wechseln Sie wieder fünf- bis siebenmal. Dann schreiben Sie ein Schreibschrift-A, erst mit der gewohnten Hand, dann mit der anderen, fünf- bis siebenmal.

Dann wählen Sie selbst Buchstaben und Worte aus. Schreiben Sie so lange abwechselnd mit der rechten und linken Hand, bis Sie ein gutes Gefühl dafür entwickeln, dass Ihr Gehirn arbeitet. Sie integrieren dadurch beide Gehirnhälften und trainieren Ihre Beidhändigkeit. Üben Sie ein bis sechs Wochen lang.

Das Liebesziel finden

Die Liebe, die Sie erhalten, wird
Ihnen geschenkt. Für die Liebe, die
Sie geben wollen, können Sie das
Liebesziel selbst auswählen.

14

Das Ziel finden

Schreiben Sie Tag für Tag auf, was Sie sich in Bezug auf Liebe in Ihrem Leben wünschen. Nach einer Woche sehen Sie sich das Ergebnis an.

Das Ziel finden

Dieses Programm kann Ihr Herz wieder heilen. Während dieser Woche nehmen Sie sich jeden Tag fünf Minuten Zeit und überlegen, wo Sie Liebe in Ihrem Leben haben möchten. Stellen Sie sich jeden Tag die Frage: »Was wünsche ich mir in Bezug auf Liebe in meinem Leben?« Schreiben Sie Ihre Gedanken stichwortartig auf, einfach alles, was Ihnen in den Sinn kommt. Sehen Sie sich am Ende der Woche an, ob es einen Zusammenhang zwischen den Gedanken gibt. Vielleicht wissen Sie gar nicht, wie sich Liebe anfühlt. Oder welche Arten von Liebe es gibt, und für Sie sind Liebe und Sex gleich. Dann lernen Sie, wie Liebe sich anfühlt, wie man Liebe gibt und wie Sie Liebe bekommen. Oder Sie lassen Liebe in einer konkreten Beziehung wieder lebendig werden.

15

Klarheit gewinnen

Schreiben Sie jeden Tag Äußerungen Ihres
Umfelds zum Thema »Liebe« auf, dann
Ihre eigenen Gedanken dazu. Heben Sie
das Geschriebene liebevoll auf.

Klarheit gewinnen

Zur Klarheit müssen Sie sich entscheiden. Klarheit ist eines der
wichtigsten Prinzipien der Macht. Klarheit in den Gedanken hilft,
Ziele zu erreichen. Eine wichtige Voraussetzung für Klarheit ist,
die Herkunft der Gedanken zu ergründen: Welche Gedanken
haben Sie zum Thema »Liebe«? Nehmen Sie ein Blatt Papier quer
und unterteilen Sie es in die Rubriken: Ihre Gedanken zur Liebe,
Vaters Gedanken und Worte dazu, Mutters Gedanken und Worte
dazu, Gedanken und Worte eines alten Freundes oder einer alten
Freundin, Gedanken und Worte aus Filmen. Schreiben Sie jeden
Tag auf, was Ihnen dazu einfällt. Dann schreiben Sie auf, welches
Ihre Gedanken und Worte zum Thema »Liebe« sind und sein sollen. Heben Sie das Geschriebene an einem Extra-Platz auf.

16

Schatzkarte zum
Thema Liebe anfertigen

In den nächsten Tagen erstellen Sie
eine Collage zum Thema »Herz und Liebe
in meiner Welt«.

Schatzkarte zum Thema Liebe anfertigen

Schatzkarten sind Karten, Plakate, Skulpturen, die Sie für besonders wichtige Ereignisse oder Ziele erstellen: etwa eine Collage
aus Zeitungsausschnitten, Bildern und Schriften, die Sie auf einen
Plakatkarton kleben und die so zu Ihrem Thema »Herz und Liebe
in Ihrer Welt« werden. Es können Beschreibungen, Schriften, Bil-
der oder Gegenstände sein, ein Gemälde oder ein Relief. Oder
etwas, das auf Ihrem Hausaltar – falls Sie einen haben – liegt und
Sie an Ihr Ziel erinnert. Legen Sie Ihre persönliche Schatzkarte in
eine schöne Dose, oder hängen Sie sie auf, machen Sie aufwendi-
ge Skulpturen oder Installationen. Finden Sie Ihre eigene Art der
Schatzkarte, und gehen Sie damit sehr verantwortlich um. Je klarer
und genauer Ihre Schatzkarte ist, desto eher finden Sie Ihren Schatz.

Liebeslieder hören

Hören Sie jeden Tag ein Liebeslied,
lassen Sie sich von den Gefühlen der
Lieder berühren, und beobachten Sie
Ihre Gefühle dabei.

Liebeslieder hören

Hören Sie jeden Tag ein Liebeslied. Sicher gibt es für Sie Lieder,
die Sie sehr an Ihre Lieben erinnern: Lieder, die Sie mit Ihrer
ersten großen Liebe in sehr schönen Zeiten zusammen hörten.
Beim Anhören dieser Lieder kehrt meistens die gesamte damalige
Stimmung zurück. Wenn die Beziehung schmerzhaft endete oder
noch schmerzhaft ist, tauchen mit den Liedern immer wieder
Liebe und Schmerz in Ihnen auf. Sicher haben Sie wie die meisten
Menschen Ihre Lieblingslieder, etwa »All you need is love«,
»Love me tender«, »Loving me loving you« oder Ähnliches.
Hören Sie jeden Tag ein solches Liebeslied. Hören Sie es bei-
spielsweise unterwegs im Auto oder im Urlaub, und lassen Sie
sich von den Gefühlen und vom Schwung des Liedes berühren.

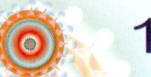

18

Wenn die Galle überläuft –
alten Ärger loslassen 1

Massieren Sie den unteren Teil des Gallenblasenmeridians, an den Körperaußenseiten
von den Hüften bis zu den Füßen.

Wenn die Galle überläuft –
alten Ärger loslassen 1

In der Akupunktur liegen die Stellen, auf denen der Akupunkteur
arbeitet, auf den Meridianen. Dies sind die Energielinien, die zu
den einzelnen inneren Organen gehören. Der Gallenblasenmeridian, der mit Ärger zu tun hat, liegt an den Außenseiten des Körpers. Er verläuft vom zweiten kleinen Zeh über die Außenseiten
der Unter- und Oberschenkel, an der Außenseite des Beckens zur
Außenseite des Oberkörpers zu den Außenseiten des Kopfes bis
zu einem Punkt an der Schläfe. Bei Ärger ziehen sich bei uns die
Muskeln zusammen. Unser Blick verengt sich, wir schauen nicht
mehr in die Weite, sondern starren nur auf den Punkt, der uns
ärgert.

Mit dieser Übung bringen Sie den Energiefluss in Ihrem Gallenblasenmeridian wieder in Gang. Massieren Sie die Außenseite Ihres rechten Fußes mit kleinen kreisenden Bewegungen. Massieren Sie nie zu fest, beginnen Sie eher locker, und tasten Sie sich langsam an die Festigkeit heran, die Ihnen wohltut. Massieren Sie die Fußaußenseite, vom kleinen Zeh aus bis zur Ferse. Von dort massieren Sie weiter hoch bis zur Außenseite des Knies, und von dort weiter bis zur Außenseite des Oberschenkels und der Außenseite der Hüfte.

Schütteln Sie danach Ihre Hände aus, und spüren Sie, nachdem Sie die rechte Außenseite massiert haben, eine Minute hin, wie sie sich anfühlt.

Nach einer kurzen Pause beginnen Sie mit der Massage der linken Seite. Massieren Sie sie nach dem gleichen Schema, und schütteln Sie nach der Massage wieder beide Hände und dann beide Beine aus.

Es ist vollkommen ausreichend, sich fünf Minuten pro Tag auf diese Weise zu massieren. Eine längere Massage ist nicht notwendig. Nützen Sie diese Woche mit dieser Übung, um Ihren Ärger loszulassen.

19

Wenn die Galle überläuft –
alten Ärger loslassen 2

Massieren Sie den oberen Teil des
Gallenblasenmeridians an der Außenseite
von Oberkörper, Hals und Kopf.

Wenn die Galle überläuft –
alten Ärger loslassen 2

Massieren Sie zunächst die Außenseite Ihrer rechten Hüfte. Spüren Sie hin, schütteln Sie die massierende Hand aus, und massieren Sie langsam weiter an der Außenseite des Körpers entlang, von unten nach oben, bis in Ihre Achselhöhlen. Spüren Sie, wie es sich anfühlt. Wenn Sie eine Weile hingespürt haben, fahren Sie fort und massieren die Außenseite Ihres Halses, sanft, wie in Übung 8. Dann massieren Sie hinter den Ohren, über den Ohren bis zu Ihrer Schläfe. Danach halten Sie Ihre Schläfe ganz liebevoll fest und lassen den Atem nach unten fließen. Am Ende der Massage von Oberkörper und Kopf streichen Sie von oben über die Ohren, über den Hals, über die Brust, an der Außenseite Ihres

Oberkörpers, Ihres Beckens und Ihrer Oberschenkel hinunter, streichen von dort aus weiter zu Ihrem Knie, zu Ihrer Wade bis hin zu Ihrer Fußaußenseite und Ihrem zweiten kleinen Zeh.

Machen Sie diese Massage der rechten Seite insgesamt dreimal. Wenn Sie nach einiger Zeit geübter sind, verbinden Sie diesen Ablauf mit einem Ausatmen nach unten, wie beispielsweise in Übung 9 beschrieben: Sie lassen beim Ausatmen den Atem langsam über die Oberschenkel, zu den Knien und Füßen nach unten fließen.

Nach der Massage der rechten Seite machen Sie die gleiche Massageabfolge auf der linken Seite.

Sollten Sie diese Übung mehr als ein oder zwei Wochen durchführen wollen, können Sie auch beide Seiten gleichzeitig massieren. Allerdings ist das, wenn Sie zu üben beginnen, nicht empfehlenswert, da die Konzentration sehr eingeschränkt ist, wenn Sie auf beiden Seiten gleichzeitig massieren. Bei diesen Übungen kommt es jedoch gerade auf Ihre Konzentration an: Indem Sie sich auf die Körperstellen, die Sie massieren, und auf die massierende Hand konzentrieren, erhöht sich die lockernde Wirkung um mindestens 80 Prozent.

20

Andere Herzen malen

Malen Sie jeden Tag Symbole für
Menschen, deren Herzen Ihnen begegnet
sind, auf ein Blatt. Anschließend betrachten
Sie einige Minuten diese Herzlandschaft.

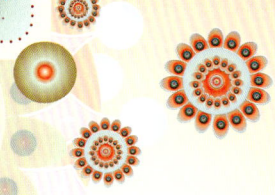

Andere Herzen malen

Nehmen Sie ein schönes Blatt Papier und Stifte, die Ihnen gefallen,
Filzstifte, Bunt-, Nassmalstifte, Wasserfarben. Denken Sie an die
Herzen, denen Sie schon begegnet sind: Ihre Eltern, Geschwister,
Freunde, Freundinnen aus Kindheit und Jugend, Lehrer, Kinder, Ehe-
partner, Partner, Kollegen, Nachbarn. Erinnern Sie sich an so viele
Herzen wie möglich, und malen Sie Tag für Tag ein, zwei, drei dieser Herzen auf Ihr Blatt: Herzen mit Symbolen für die Menschen, in
unterschiedlichen Farben, warme Herzen, kalte Herzen. Machen
Sie diese Übung jeden Tag, bis Sie das Gefühl haben, dass Sie
genügend Herzen gemalt haben. Dann legen Sie Ihre schönen oder
schmerzhaften Herzplakate an einen besonderen Platz und betrachten mehrere Tage lang einige Minuten Ihre Herzlandschaft.

21

Karte für verlorene Herzen

Malen Sie jeden Tag Symbole für Herz-
beziehungen, die Sie im Laufe Ihres
Lebens verloren haben. Spüren Sie, ob Ihr
Herz möglicherweise auch dazugehört.

Karte für verlorene Herzen

Malen Sie ein Herz, von dem Sie denken, dass Sie es verloren haben. Lassen Sie Stifte und Blatt im Laufe der Woche liegen, und malen Sie weiter, um das Bild zu vervollständigen. Möglicherweise wollen Sie nicht, dass Ihre Malerei von anderen gesehen wird. Dann halten Sie sie versteckt. Diese Herzkarte wird ein Herzschmerzbild für die Herzen, die Sie verloren haben. Es kann sich um jemanden handeln, der verstorben, weit weggezogen oder sehr krank ist, so dass Sie mit ihm nicht mehr in Beziehung sein konnten oder wollten. Möglicherweise haben Sie auch Ihr eigenes Herz verloren, und es muss auch auf diese Karte. Legen Sie die Karte auf den Platz, an dem Sie die Malerei aus Übung 20 aufbewahren, den Platz für Ihr Herzprogramm.

22

Liebe und Schmerz akzeptieren

Erlauben Sie sich jeden Tag,
alte Schmerznarben auf Ihrem Herzen
wahrzunehmen.

Liebe und Schmerz akzeptieren

Viele Menschen nehmen das Herz als ihr wichtigstes Organ
wahr. Es ist die Pumpe, die das Blut, den Lebenssaft durch die
Adern drückt. Das Herz bewegt den Menschen, solange er lebt.
Zwar ist die Menschheit inzwischen in der Lage, Herzen auszu-
tauschen und neue oder künstliche Herzen zu implantieren,
aber ohne Herz kann niemand leben. Das Thema »Liebe« ist
immer mit dem Thema »Schmerz« verbunden. Untersuchungen
weisen darauf hin, dass Menschen mit Herzkrankheiten, beispielsweise mit Herzinfarkten, zu einem früheren Zeitpunkt in
ihrem Leben immer starkes Herzleid erfahren haben. Oft ist ein
wichtiger Mensch früh verstorben, der Betreffende konnte
seine große Liebe nicht heiraten oder Ähnliches.

So groß, wie die Liebe zu einem Menschen, zu einem Tier oder zu einem Projekt ist, so groß ist der Schmerz, wenn diese Beziehung endet und die Liebe zerbricht.

Es gibt Herzschmerz, der 30, 40, 50 Jahre alt ist. Wenn Menschen sich in psychotherapeutische Behandlung begeben, schämen sie sich oft dafür. Sie sagen dann beispielsweise zu ihrem Therapeuten: »Ich weine immer noch um mein Kind, das vor 30 Jahren starb.« Das ist so. Herzschmerz hinterlässt immer Narben. Die Wunde ist zwar geschlossen, aber die Narbe verschwindet nie, genauso wie nach einer schwierigen Operation.

Wenn Sie Ihr Herz wieder öffnen möchten, brauchen Sie die Bereitschaft, dem Schmerz – dem Herzschmerz – wieder begegnen zu wollen. Nehmen Sie sich ab heute jeden Tag ein paar Minuten Zeit, in denen Sie sich erlauben, dass der Schmerz wieder genau so sein darf wie damals.

Wenn Sie diese Übung als zu schmerzhaft empfinden, lassen Sie sie zunächst beiseite und gehen zur nächsten Lektion über. Sie können zu einem späteren Zeitpunkt zu ihr zurückkehren, wenn Sie sich dazu bereit fühlen.

23

Erlaubnis, Schmerz zu fühlen

Erhöhen Sie täglich Ihre körperliche
Schmerztoleranz, indem Sie sich ein wenig
kneifen oder sich vorstellen, der empfun-
dene Schmerz würde sich verstärken.

Erlaubnis, Schmerz zu fühlen

Wenn Sie zu denjenigen gehören, die Schmerz gut aushalten
können oder eher zu lange abwarten, bevor Sie sich helfen lassen, dann ist diese Karte nichts für Sie. Diese Übungskarte ist
nur dann für Sie gedacht, wenn Sie zu den Menschen zählen,
die vor Schmerz flüchten oder dazu neigen, völlig von Schmerzen überwältigt zu werden. Wenn Sie versuchen, jeden Schmerz
zu verhindern, und Angst davor haben, Schmerzen auszuhalten,
dann ist diese Übung für Sie genau richtig. Eine gewisse
Schmerztoleranz ist im Leben notwendig, da man sonst vor
allem fliehen müsste, was schmerzt. Übrigens: diese Lektion ist
eine Übung aus der Geburtsvorbereitung und kann sehr gut
dabei helfen, die Wehen durchzustehen.

Wenn Sie also eine geringe Schmerztoleranz haben und ein Schmerzflüchter sind, sollten Sie sich in den nächsten Wochen hin und wieder kneifen. Kneifen Sie sich immer so lange, bis Sie beginnen, wirklichen Schmerz zu empfinden. Dann lassen Sie wieder los. Anstatt sich zu kneifen können Sie sich auch ein wenig beißen. Wenn Sie allerdings jemand sind, der so lange beißt, bis es blutet, dann lassen Sie diese Übung aus.

Kneifen Sie sich jeden Tag ein Mal, und spüren Sie, wie der Körper sich dabei anfühlt. Es genügt, wenn Sie die Übung eine Minute oder zwei Mal eine halbe Minute durchführen, nicht länger. Nach einer Woche werden Sie merken, dass Schmerz gar nicht so schlimm ist. Versuchen Sie, wenn der Schmerz beginnt, in ihn hineinzuatmen, und fühlen Sie ihn.

Falls Sie öfter unter Kopf-, Bauch- und anderen Schmerzen leiden, können Sie die Übung erweitern: Stellen Sie sich vor, dass die Schmerzen doppelt so stark werden. Das bedeutet nicht, dass Sie die Schmerzen durch diese Übung tatsächlich verstärken. Stellen Sie sich lediglich vor, die Schmerzen werden doppelt so stark. Sie werden feststellen, dass etwas Unerwartetes passiert: dass die Schmerzen plötzlich nachlassen. Experimentieren Sie damit, und seien Sie offen für etwas Neues.

24

Wut, Hass und Ärger fühlen

Sehen Sie sich Ihren persönlichen Hass
und Neid an. Malen Sie Ihre eigenen,
grauenerregenden Wuttiere, und legen
Sie sie überall hin.

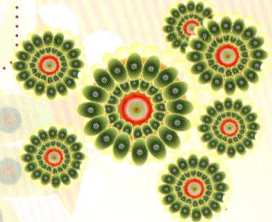

Wut, Hass und Ärger fühlen

Hass und Liebe gehören zusammen. Wenn wir unser Herz für jemanden öffnen, es wie eine Blüte weit aufmachen und einen Menschen, ein Tier oder ein Projekt hineinlassen, dann ist der Schmerz groß, wenn wir dieses Wesen verlieren oder das Projekt scheitert. Hass und Wut entstehen, wenn der Schmerz wegen der verlorenen Liebe riesengroß ist. Oft erleben wir auch Hass und Wut durch andere: Menschen, die hasserfüllt oder wütend auf uns zukommen, die uns mobben, die unsere Arbeit unterwandern oder behindern. Oder wir erleben Hass und Wut, wenn wir unsere Eltern oder unsere ehemaligen Partner sehen. Häufig denken wir voller Wut an sie. Grundsätzlich ist diese Wut sehr gut, denn sie ist nach außen gerichtet.

Bisweilen jedoch richtet sich die Wut nach innen. Dann werden wir krank, leiden beispielsweise ständig unter Erkältungen, oder unser Immunsystem wird labil. Eine andere Form nach innen genommener Wut ist Resignation. Resignation zeigt sich, wenn wir uns an kein neues Projekt heranwagen oder nicht mehr an die Zukunft glauben, wenn wir beispielsweise sagen: »Alles Alte ist besser, alles Neue ist schlecht« oder: »Besser, ich lebe alleine, ich möchte keine Partnerschaft mehr.«

Wenn Sie dazu neigen, nicht über Ihren Schmerz zu sprechen, ihn wegzurationalisieren, als wäre er nicht existent, dann malen Sie in der nun kommenden Woche große Wuttiere: schwarze Tiere wie Ungeheuer, mit vielen Zähnen, Zacken und riesengroßen, roten Feueraugen, so dass es einen bei ihrem Anblick gruselt. Legen Sie diese Wuttiere überall hin. Sie sollen Ihnen helfen, nach außen zu bringen, was Sie innerlich bewegt.

Wut und Hass empfinden Sie übrigens auch, wenn Sie andere Menschen um alles beneiden, wenn Sie denken, das schöne Auto oder die Kinder, die die anderen bekommen, hätten Sie auch gerne. Nehmen Sie Ihren Neid ernst, schauen Sie ihn sich an, dann wissen Sie, was für Sie wichtig ist und welchen Weg Sie einschlagen müssen.

Dem Herzschmerz Ausdruck geben

Durch das Ausleben negativer Gefühle
werden Ihr Körper, Ihre Gedanken und
Ihr Herz wieder frei.

25

Ärger und Wut ausdrücken

Zerreißen Sie in Erinnerung an ein
schmerzhaftes Ereignis einen dicken
Packen Papier, den Sie nur mit Kraft
zerreißen können, in kleine Schnipsel.

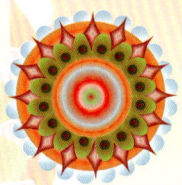

Ärger und Wut ausdrücken

Wenn Sie nie Hass, Wut und Ärger empfinden, lassen Sie diese
Lektion aus. Neigen Sie gelegentlich zu diesen Gefühlen, machen
Sie die Übung, gleichgültig, ob sie Ihnen sinnvoll erscheint oder
nicht. Häufig sind Wut und Ärger nicht spürbar, sie sind »abge-
spalten«. Wenn Sie ständig eiskalte Finger und Füße haben, kann
das beispielsweise ein Hinweis darauf sein. Nehmen Sie einen
dicken Packen Papier, alte Zeitungen oder Wisch-und-weg-Tücher,
die Sie so oft zusammenfalten, dass sie nur mit Kraft zu zerreißen
sind: am besten vier oder fünf Zeitungsseiten, die Sie zusammenfalten. Am ersten und zweiten Tag zerreißen Sie mindestens 15
Minuten das Papier, am dritten Tag zehn Minuten lang und ab
dem vierten Tag fünf Minuten täglich.

26

Bäume fällen und Äste brechen

Gehen Sie in den Wald, und stürzen Sie
kleine tote Bäume um, oder brechen Sie
abgestorbene Äste auseinander.
Schreien Sie dabei.

Bäume fällen und Äste brechen

Sie gehen in ein Waldstück und laufen nicht den Weg entlang, sondern quer durch den Wald, bis Sie abgestorbene kleine Bäume
sehen. Nehmen Sie sich einen alten vertrockneten Baum vor, und
fangen Sie an, ihn zu schütteln, ihn zu Boden zu reißen und dabei
wie Tarzan zu schreien. Dabei zu schreien wie Tarzan ist ganz wichtig. Achten Sie darauf, dass die morschen Äste Sie nicht treffen.
Falls Sie keine geeigneten toten Bäume finden, können Sie alte
Äste vom Boden nehmen und auseinanderbrechen. Abgestorbene
Äste werden Sie in jedem Wald finden. Sie laufen so lange durch
den Wald, bis Sie so viele Bäume gefällt oder Äste zerbrochen
haben, wie Ihnen guttut. Plötzlich merken Sie Ihre ganze Kraft und
Vitalität wieder. Vorsicht am Anfang und Spaß am Ende.

In Kissen schreien und schlagen

Schlagen Sie auf ein Kissen
oder mit einem Kissen auf
einen Sessel ein, und schreien Sie
anschließend in Ihr Kissen.

In Kissen schreien und schlagen

Bei der Übung werden Wut und Ärger ausgedrückt. Nehmen Sie
zu Hause ein Sofakissen, legen Sie es auf die eine Hand, und
schlagen Sie mit der anderen Hand darauf. Sie können das Kissen
auch in den Schoß legen und darauf schlagen. Oder Sie legen es
auf das Sofa und schlagen mit voller Wucht und mit beiden Händen darauf ein. Wenn Sie dies eine Zeit lang gemacht haben,
drücken Sie das Kissen vor den Mund und schreien so lange hinein, bis Sie merken, dass der Brustkorb mehr Luft bekommt und
die Arme sich freier anfühlen. Wenn Sie manchmal im Leben
blockiert sind, wenn Sie wunderbare Pläne entwickeln, diese aber
nicht umsetzen, dann ist diese Übung wichtig für Sie. Freuen Sie
sich an Ihrer neuen Kraft.

28

Schmerz aus alten Beziehungen beenden

Schreiben Sie jeden Tag vergangene schmerzvolle Beziehungen auf sowie Gedanken, die Ihnen dazu in den Sinn kommen.

Schmerz aus alten Beziehungen beenden

In diesen fünf Minuten setzen Sie sich hin und überlegen, in welchen Beziehungen noch Schmerz vorhanden ist.

Setzen Sie sich am ersten Tag hin, und schreiben Sie auf, was wirklich wehgetan hat. Am nächsten Tag schreiben Sie die nächsten Beziehungen auf und notieren den entsprechenden Schmerz dazu. An den folgenden Tagen schreiben Sie jeden Tag den Schmerz auf, der in alten Beziehungen ist.

Sie können sich für Ihre Notizen kleine Karteikarten nehmen. Oder Sie schreiben alles auf ein Blatt Papier. Notieren Sie auch alle Gedanken, die Sie dazu hatten.

Ein Tag in Leichtigkeit

Streichen Sie drei bis fünf Prozent der
Aktivitäten von Ihrem Tagesplan,
und genießen Sie die Leichtigkeit,
die Sie dadurch gewinnen.

Ein Tag in Leichtigkeit

Nachdem Sie so viel Schmerz gelöst haben, sollten Sie wieder einmal spüren, dass das Leben auch leicht sein kann. Nehmen Sie
sich einen freien Tag. Falls Sie für diese Übung einen Arbeitstag
wählen müssen, dann planen Sie einfach zwei Termine weniger als
üblich ein. Schon wenn Sie drei bis fünf Prozent Ihres normalen
Arbeitspensums weglassen, werden Sie sich nicht mehr überlastet,
sondern fit und vergnügt fühlen. Denn im Allgemeinen arbeiten
Sie nur drei bis fünf Prozent zu viel. Auch bei anderen Erledigun-
gen, etwa beim Einkaufen, nehmen Sie sich meist drei bis fünf
Prozent zu viel vor. Sobald Sie lediglich in ein Geschäft weniger
gehen, macht plötzlich der ganze Einkauf Spaß. Sie müssen nicht
alle Aktivitäten einstellen, sondern nur etwas weniger machen.

Heute versuchen Sie, beim Gehen mit Ihrem Becken zu schwingen. Das Becken bewegt sich dabei von vorne nach hinten.

Wenn Sie in Ihren Kleiderschrank schauen, nehmen Sie etwas heraus, worin Sie sich leicht und wohl fühlen. Dann gehen Sie Ihre Treppe hinunter, als würden Sie ganz leicht schwingen, immer wieder, als würden Körper, Becken und einfach alles sich ganz fließend bewegen. Wenn Sie das nicht ohne weiteres können, stellen Sie sich ein paar Minuten vor den Spiegel und bewegen einfach das Becken nach vorne und hinten. Falls das gar nicht geht, legen Sie eine Hand hinten auf das Becken und schieben ein Stück.

Rufen Sie Ihre Lieblingskollegin, -freundin oder -geschwister an, und verabreden Sie sich mit ihnen. Wählen Sie niemanden, der stets über Probleme spricht, sondern jemanden, mit dem Sie über leichte und erfreuliche Sachen sprechen können.

Sie können sich auch abends ein seichtes oder heiteres Stück im Fernsehen ansehen, keine Nachrichtensendungen oder Ähnliches, sondern einfach leichte Kost. Und möglicherweise gibt es auch noch ein ganz leichtes Essen mit leicht beschwingter Musik.

Verzeihen

30

Nehmen Sie Ihre Schmerzkarte von
Übung 28, und verzeihen Sie: »Ich
verzeihe mir dieses und jenes ...«,
»Ich verzeihe dir dieses und jenes ...«.

Verzeihen

Es gibt nichts, das mehr erleichtert und öffnet, als zu verzeihen.
Alle Schmerzgedanken, die Sie hegen, befinden sich bei niemand
anderem im Kopf als bei Ihnen. Sehen Sie sich zwei oder drei
Tage nur diesen Satz an. Am vierten Tag nehmen Sie Ihre
Schmerzkarte aus Übung 28 und sehen sich an, wo der geringste
Schmerz ist. Sagen Sie fünf Minuten lang: »Ich verzeihe dir, lieber
XY, das und jenes.« Danach nehmen Sie sich den nächsten
Schmerz vor und sprechen den gleichen Satz, wieder fünf Minu-
ten lang. Verzeihen Sie am fünften und sechsten Tag sich selbst:
»..., dass ich mich in dieser Beziehung so schlecht behandeln
ließ«, »..., dass ich mein Studium abgebrochen habe«. Machen
Sie die Übung ein bis sechs Wochen. Oder viel länger.

31

Alte Erinnerungen löschen
und alte Dinge weggeben

Beenden Sie alle alten, unvollständigen Dinge,
die Sie nicht mehr brauchen. Vervollständigen
Sie Ihre alten Beziehungen und Projekte.

Alte Erinnerungen löschen
und alte Dinge weggeben

Um offen für neue Herzensbewegungen zu sein, müssen Sie alte
Erinnerungen auslöschen und alte Dinge weggeben. Schauen Sie
sich in Ihrer Wohnung oder im Büro gründlich nach bedrückenden
Gegenständen aus alten Beziehungen oder Projekten um. Wenn Sie
diese Dinge nicht wirklich brauchen, schicken Sie sie zurück, wer-
fen sie weg oder heften sie ab. Schritt für Schritt beenden Sie auf
diese Weise alles, was alt und unvollständig ist. Unvollständiges
wird immer wieder wachgerufen und schmerzt stets erneut. Vervollständigen Sie alte Beziehungen und Projekte. Die Übung kann
einen Tag oder eine Woche gemacht werden. Oder Sie brauchen
Monate, um alles zu beenden. Danach sind Sie ein neuer Mensch.

Das Herz heilen

Für neuen Mut muss das
gebrochene Herz wieder
heil werden.

Puls und Herz fühlen

Fühlen Sie ganz bewusst Ihren Puls und
dann in jeden Herzschlag hinein.
Und schicken Sie mit jedem Puls Liebe
in die Finger hinein.

Puls und Herz fühlen

Für Ihr Herz ist es sehr wichtig, dass Sie es bemerken. Viele
Menschen hören nicht einmal mehr ihren Herzschlag. Für die
nächste 5-Minuten-Übung suchen Sie an der Hand Ihren Puls.
Sie fühlen ihn, indem Sie beispielsweise Ringfinger, Zeigefinger
und Mittelfinger der rechten Hand unterhalb des Daumens auf
die Innenseite des linken Handgelenks legen. Fühlen Sie so
lange, bis Sie diese Stelle gefunden haben, und spüren Sie dann
wenige Minuten in diesen Herzschlag hinein. Wenn Sie den
Herzschlag fühlen, schicken Sie mit jedem Puls Liebe in die Finger hinein und sagen: »Du bist mein Herzschlag, so fühlt es
sich an. Ich möchte dir ganz nahe sein, ich möchte meinem
Herzen ganz nahe sein.«

33

Das eigene Herz malen und eine
Herzkarte erstellen

Malen Sie Ihr Herz. Malen Sie,
was Sie in Ihrem Herzen haben möchten,
und erstellen Sie eine Herzlandkarte.

Das eigene Herz malen und eine Herzkarte erstellen

Gönnen Sie sich einen Tag ohne Hektik, für sich alleine. Heute malen Sie Ihr Herz: ein Organherz, ein stilisiertes Herz, Dinge, die in Ihrem Herzen sind oder Ihnen am Herzen liegen, alles, was Sie in Ihrem Herzen haben möchten, was Sie sich wünschen, worum Sie bitten und wofür Sie danken. Malen Sie den ganzen Tag etwas hinzu. Sie können auch eine Collage machen, Blütenblätter einkleben oder Stofffetzen, oder eine Skulptur machen. Am Abend setzen Sie sich vor Ihr Werk und fühlen Ihr Herz. Stellen Sie sich vor, es hat Türchen, die sich öffnen, und Sie nehmen Ihr Werk und die Impulse mit in Ihr Herz hinein. Benutzen Sie weiche Farben, malen Sie leicht und rund, damit sich das Herz an nichts stoßen kann.

Den Herzschlag intensivieren

Die nächsten Tage sind dazu da, das Herz wieder zu fühlen.
Legen Sie Ihre rechte Hand an den Puls. Wenn Sie ihn gefühlt
haben, legen Sie die rechte Hand über Ihre linke Brustwarze, dort
liegt das Herz. Spüren Sie, als könnten Sie in dieses Organ unter
Ihren Rippen hineinfühlen. Halten Sie für etwa 30 Sekunden den
Atem an. Legen Sie Ihre Finger wieder auf den Puls, und spüren
Sie, was passiert, wenn Sie den Atem anhalten, wie Ihr Herz auf-
geregt und viel fühlbarer wird. Danach atmen Sie wieder normal.
Halten Sie erneut den Atem an, lassen Sie die Hand unter der linken Brust liegen, und spüren Sie Ihr Herz. Manchmal fühlt es sich
an, als fange es an zu zittern wie ein kleines Vögelchen. Bei Herzbeschwerden oder Herzkrankheiten lassen Sie diese Übung aus!

35

Das Herz streicheln und
als Raum fühlen

Atmen Sie in Ihr Becken ein und zu den
Füßen aus. Streicheln Sie Ihr Herz in der
Vorstellung sanft, von außen und von innen.

Das Herz streicheln und als Raum fühlen

Legen Sie im Sitzen die Hand auf Ihr Becken, atmen Sie in Ihr
Becken ein und aus ihm hinaus aus. Siebenmal. Dann atmen Sie
in Ihr Becken hinein und stellen sich vor, Sie würden aus den
Füßen und über die Beine hinaus ausatmen. Ebenfalls siebenmal.
Atmen Sie weiter in Ihr Becken ein, Ihr Atem fließt zu den Beinen
und Füßen hinaus. Legen Sie Ihre Hand auf Ihre Brust oberhalb
des Herzens, und streichen Sie über den Brustkorb. Streichen Sie
zuerst von außen und dann in Ihrer Vorstellung von innen ganz
zart über Ihr Herz. Dort ist es wie in einem großen Raum, in dem
viel Platz ist. Achten Sie darauf, dass Sie in das Becken einatmen
und über die Oberschenkel, Knie, Unterschenkel und Füße aus.
Dann noch einmal das Herz streicheln und nach unten ausatmen.

36

Die Löcher im Herzraum fühlen
und schließen

Atmen Sie in Ihr Becken ein und zu den
Füßen aus, und füllen Sie in Ihrer
Vorstellung Ihre Herzlöcher liebevoll aus.

Die Löcher im Herzraum fühlen
und schließen

Sie atmen siebenmal in Ihr Becken ein und über die Beine und
Füße aus. Falls Sie sehr kalte Füße haben, legen Sie eine Wärme-
flasche an die Füße, bewegen Sie die Füße oder machen Sie auf-
steigende Fußbäder. Das Herz mag warme Füße. Wenn Ihre Füße
warm sind, spüren Sie wieder in Ihr Herz. Spüren Sie, ob es Löcher hat. Nicht jedes Herz hat Löcher, doch manches hat kleine
Löcher. Füllen Sie diese Löcher mit kleinen liebevollen Pflastern,
auf die Sie ein Küsschen hauchen, oder mit ein wenig Herzheil-
masse, einer Salbe, die Ihnen im Herzen steht. Sie tragen sie
außen und innen auf und verschließen alle Herzlöcher. Vergessen
Sie nicht, ins Becken ein- und über Beine und Füße auszuatmen.

37

Den Ort der Liebe heilen

Wickeln Sie Ihr Herz in pastellfarbene Seidenverbände. Legen Sie die Hände auf den Unterleib, atmen dort hinein und aus den Beinen und Füßen aus.

Den Ort der Liebe heilen

Das Herz kann nicht nur Löcher haben, sondern auch verhärtete und vernarbte Stellen. Oder es kann ganz zerrissen sein. Wenn Sie eine Zeit lang in Ihr Herz hineinfühlen, haben Sie möglicherweise den Eindruck, dass Sie die Risse spüren. Stellen Sie sich vor, Sie haben einen seidenen Verband in den allerschönsten Pastellfarben und schlingen diesen ganz liebevoll um das Herz herum. Er lässt genug Platz und ist elastisch, damit das Herz weiteratmen kann. Falls Sie die Kälte Ihres Herzens spüren, lassen Sie den Verband lauwarm sein. Wenn das Herz ganz eingewickelt ist, legen Sie die Hände auf den Unterleib, atmen in Ihren Unterleib ein und aus den Beinen und Füßen heraus aus. Machen Sie die Übung so oft Sie möchten.

38

Das Herz mit Kraft füllen

Atmen Sie in Ihr Becken ein und
zu den Füßen aus, und legen Sie
Ihr Herz in Ihr Becken.

Das Herz mit Kraft füllen

Atmen Sie in Ihr Becken ein und aus den Füßen aus. Legen Sie
die Hände auf den Unterleib, und atmen Sie ein. Ihr Unterleib
wird weiter und breiter. Stellen Sie sich vor, dass der Atem beim
Ausatmen über Beine und Füße nach unten strömt. Siebenmal.
Legen Sie eine Hand auf den Unterleib und eine auf Ihr Herz.
Atmen Sie von unten, vom Becken, möglichst vom Steißbein her
ein und zu den Füßen aus. Stellen Sie sich vor, Ihr Herz liegt in
Ihrem Becken und der Atem durchfließt mit dem Einatmen Ihr
Herz. Sie atmen weiterhin zu den Füßen aus und wieder ein, möglichst über Ihr Kreuzbein, über Ihre hintere Beckenplatte und zu
den Füßen aus. Siebenmal: Einatmen mit Ihrem Herzen im Becken
und ausatmen aus den Füßen. Üben Sie zwei bis drei Minuten.

39

Das Herz mit Atem füllen

Sie lassen Ihren Atem vom Becken zum Herzen und in die ganze Brust fließen. Beim Ausatmen fällt er wie feiner Stoff von den Schultern hinunter zum Fußboden.

Das Herz mit Atem füllen

Suchen Sie sich einen ruhigen Platz, atmen Sie siebenmal in Ihr Becken ein, und lassen Sie den Atem beim Ausatmen über Beine und Füße nach außen fließen. Dann gehen Sie vom Becken her zu der Stelle, wo Ihr Organherz ist. Stellen Sie sich Ihr Organherz wie einen großen Raum vor. Atmen Sie in Ihr Becken ein, und lassen Sie den Atem beim Einatmen in Ihr Herz und in Ihren Brustkorb hineinfließen. Beim Ausatmen fließt der Atem am Rücken entlang über die Gesäßbacken wie ein feiner Stoff bis zum Fußboden. Atmen Sie in Ihr Becken ein. Der Atem fließt zu Ihrem Herzen und zur Brust und beim Ausatmen wie feiner Stoff von den Schultern hinunter bis zum Fußboden.

Sich selbst lieben

Liebe, die Sie sich selbst schenken,
wird zu Liebe, die für andere da ist.

40

Atem durchfließt den ganzen Körper

Ihr Atem füllt beim Einatmen Ihre Brust, Arm,
Hand, Becken und Bein. Beim Ausatmen
fließt er über Schulter, Ellenbogen, kleinen
Finger, Knie und kleinen Zeh hinaus.

Atem durchfließt den ganzen Körper

Diese Übung können Sie im Sitzen oder Liegen durchführen.
Legen Sie die Hände auf den Unterleib, und atmen Sie in Ihr Becken ein und zu Beinen und Füßen aus. Beim siebten Mal stellen
Sie sich beim Einatmen vor, dass Ihr Becken breiter wird und Sie
zu den Füßen ausatmen. Konzentrieren Sie sich auf das Einatmen,
und lassen Sie den Atem in Ihre rechte Brust, den rechten Arm,
die rechte Hand, Becken und Bein hineinfließen. Der Atem beim
Ausatmen fließt über Schulter, Ellenbogen, kleinen Finger zum
Becken, Knie, kleinen Zeh nach außen. Beginnen Sie langsam,
machen Sie nur einen Teil der Übung. Am Anfang kann man nicht
eine ganze Körperhälfte mit dem Einatmen füllen, sondern nur
einen Teil. Den gleichen Ablauf machen Sie auf der linken Seite.

41

Der kosmische Atem

Beim Einatmen lassen Sie den Atem zu
Ihrem Herzen fließen, und Ihre Herzflügel-
türen öffnen sich. Atmen Sie in den Körper
hinein und zu Beinen und Füßen hinaus aus.

Der kosmische Atem

Atmen Sie im Liegen oder Sitzen durch Ihr hinteres Becken
ein, und lassen Sie den Atem beim Ausatmen über Beine und
Füße nach außen fließen. Spüren Sie, wie er beim Einatmen zu
Ihrem Herzen fließt, und stellen Sie sich vor, dass sich Ihr Herz
wie mit Flügeltüren öffnet und der Atem beim Ausatmen in den
Körper hineinfließt, in das Becken, in Beine und Füße. Atmen
Sie wieder ein, lassen Sie den Atem beim Einatmen durch Ihr
Becken zum Herzen fließen, beim Ausatmen über Lunge,
Schultern, Oberarme, Ellenbogen zu den Unterarmen und Hän-
den. Stellen Sie sich vor, dass Sie sich mit dem kosmischen
Atem füllen: Durch den kosmischen Atem füllen Sie sich mit
Ihrer Liebe.

42

Die Liebe fließt in die Sinne

Sie atmen in Ihr Becken ein und lassen den Atem beim Ausatmen durch Ihr Herz zu Ihren Augen und Ohren fließen.

Die Liebe fließt in die Sinne

Sie liegen oder sitzen, legen die Hände auf Ihren Unterbauch, atmen durch Ihr Becken ein und lassen den Atem zu Ihrem Herzen fließen und Ihren Brustkorb, Bauch, Ihre Ober-, Unterschenkel und Füße füllen. Sie atmen zu den Füßen aus. Atmen Sie so einige Male, und gehen Sie ganz bewusst mit dem Einatmen vom Herzen zu Ihren Füßen hin. Lassen Sie die Liebe in den gesamten Fußballen und in alle Zehenknöchelchen hineinfließen, und stellen Sie sich vor, Ihre Zehen würden sich, vom rechten kleinen Zeh angefangen, wie Blüten öffnen. Der kleine rechte Zeh öffnet sich, und die Liebe fließt hindurch wie ein sanfter Fluss. Der zweite Zeh öffnet sich, und die Liebe fließt hindurch wie ein sanfter Fluss. Und so weiter.

Das Gleiche machen Sie auf der linken Seite. Wenn die Füße ganz warm sind, atmen Sie in Ihr Becken ein und lassen den Atemfluss in Ihr Herz fließen. Vom Herzen her fließt er in Ihre Augen und mit dem Atem beim Ausatmen aus den Augen heraus in Ihr Zimmer. Sie können die Augen dabei geöffnet oder geschlossen lassen.

Das führen Sie fünf- bis siebenmal durch. Danach atmen Sie wieder in Ihr Becken ein und atmen erst einmal zu den geöffneten Zehen wieder aus und spüren, ob der Atem beim Ausatmen wirklich nach unten fließt.

Atmen Sie nun in Ihr Becken ein, lassen Sie den Atem beim Einatmen in Ihr Herz fließen. Der Herzatem fließt als Erstes in Ihr rechtes Ohr und mit dem Atem beim Ausatmen heraus. Dann fließt Ihr Herzatem in Ihr linkes Ohr und fließt mit dem Ausatmen heraus.

Achten Sie beim dritten, vierten Atmen darauf, dass die Zehen wirklich geöffnet sind, und spüren Sie, dass Sie gleichzeitig ganz viel Kraft in den Händen und Fingern bekommen. Falls Ihnen die Übung zu ungewöhnlich ist, lassen Sie sie einfach weg.

43

Das Herz schützen

Denken Sie an Menschen, die Ihnen
Herzschmerz zugefügt haben, legen Sie Ihr
Herz in Ihr Becken, und verschließen Sie
die imaginären aufgeklappten Herztüren.

Das Herz schützen

Wenn Sie ein solch offenes Herz mit so viel Kraft und Atemfluss haben, ist es ganz wichtig, dass Sie es auch verschließen können.

Atmen Sie in Ihr Becken ein und zu den Füßen wieder aus.
Achten Sie wieder darauf, dass Zeh für Zeh sich öffnen wie
Blüten und dass Sie daraus jeweils mit einem Atemzug aus-
atmen können.

Legen Sie erneut – wie in Übung 38 – Ihr Herz in Ihr Becken
hinein. Sie atmen ein und stellen sich vor, Ihr Herz liegt in
Ihrem Becken und der Atem durchfließt mit dem Einatmen

Ihr Herz. Sie atmen weiter zu den Füßen aus. Stellen Sie sich dabei vor, dieses große Herzbecken hätte Türen, wie ein Herz auf einer Karte für Verliebte.

Sie sehen die Türen Ihres Herzbeckens: Eine klappt nach rechts, eine klappt nach links. Jetzt schließen Sie die Türen einfach zu.

Dabei schauen Sie in Ihrer Imagination einen Menschen an, der Ihnen einen großen Herzschmerz bereitet hat, und sagen: »Nun ist es vorbei, hier nehme ich meine Liebe zurück und halte sie bei mir.«

Machen Sie diese Übung mit allen Menschen, bei denen Sie das Gefühl haben, es sei besser, keine Herzensverbindung mehr zu haben.

Wenn Sie, nachdem Sie die Türen zugeklappt haben, den Eindruck haben, dass dieser Schutz immer noch nicht ausreichend ist, gehen Sie mit Ihrem Bewusstsein obendrein in das Herz in Ihrem Becken. Stellen Sie sich dabei vor, Sie umwickeln es mit Schutzbändern, damit es auch wirklich ganz verschlossen ist.

Liebe erleben
mit anderen

Lassen Sie Ihre Liebe nach außen
fließen, zu Menschen, Tieren,
zur Natur oder zu Projekten.

Das Leben mit Liebe wahrnehmen

Beim Einatmen vom Becken zum Herzen
öffnen Sie die Herztüren und lassen beim
Ausatmen mit dem Atem Ihre Liebe in
Ihre Umgebung hineinfließen.

Das Leben mit Liebe wahrnehmen

Machen Sie diese Übung, bevor Sie den Tag richtig beginnen. Sie
atmen im Sitzen in Ihr Becken hinein und stellen sich vor, dass an
Ihren Gesäßbacken ganz viele, 10, 20, 30 cm lange Wurzeln nach
unten wachsen. Sie lassen den Atem langsam zum Herzen fließen
und stellen sich vor, dass sich die Herztüren weit öffnen und die
Liebe mit dem Ausatmen direkt aus dem Herzen in die Umgebung fließt. Wenn Sie sich unsicher und ungeschützt fühlen,
schließen Sie die Herztüren. Atmen Sie so lange in Ihr Becken ein
und lassen die Liebesenergie in Ihren Raum hineinfließen, wie Sie
möchten. Wenn Sie die Übung beenden, schließen Sie die Türen
und bedanken sich bei Ihrem Herzen. Schauen Sie, ob sich etwas
verändert, wenn Sie die Herzkraft bewusst hineinfließen lassen.

45

Die Liebe fließt von Ihnen zu anderen

Vom Becken aus atmen Sie zum Herz ein,
öffnen die imaginären Herztüren und schicken mit dem Ausatmen Ihre Liebe zu den
ausgewählten Menschen.

Liebe fließt von Ihnen zu anderen

Heute wählen Sie einen Menschen, dem Sie Ihre Liebe schicken
wollen. Sie atmen wieder in Ihr Becken hinein ein und aus Ihren
Beinen und Füßen heraus aus. Die Füße sollen warm sein.
Atmen Sie in Ihr Becken ein, lassen Sie den Atem beim Einat-
men in Ihr Herz hineinfließen, und atmen Sie aus dem Becken
heraus zu den Beinen und Füßen aus. Dann atmen Sie wieder in
Ihr Becken hinein und lassen den Atem in Ihr Herz hineinflie-
ßen. Öffnen Sie innerlich Ihre Herztüren, und schicken Sie Ihre
Liebe wie auf einem Lichtstrahl zu dem von Ihnen ausgewählten
Menschen. Fühlen Sie, ob Sie möglicherweise etwas zurückbe-
kommen. Spüren Sie einige Minuten einfach in sich und in Ihr
Herz hinein, bevor Sie die Übung beenden.

46

Das innere Kind lieben

Spüren Sie in sich hinein, wie alt Ihr inneres Kind ist, und setzen Sie dieses Kind in Ihrer Vorstellung in Ihr Becken, wo es geschützt ist.

Das innere Kind lieben

Wahrnehmungslücken, wie in Übung 13 beschrieben, hinterlassen oft einen Anteil in uns, der sich wie ein Kind fühlt. Spüren Sie in sich hinein, ob ein Teil von Ihnen manchmal kindisch und unangemessen reagiert und aus welchem Alter diese Reaktion stammt. Dann setzen Sie dieses Kind in Ihr Becken. Atmen Sie ins Becken ein und aus den Füßen aus. Sie sehen das Kind, atmen ins Becken ein, lassen das Einatmen in Ihr Herz fließen, öffnen die Tür zu dem Kind. Lassen Sie die Kraft der Liebe über das Kind in Ihrem Becken fließen: einfach darüberfließen lassen und über Beine und Füße ausatmen. Die Übung kann mehrere Wochen dauern. Wenn Sie wenig dabei empfinden, nicken Sie mit dem Kopf wie bei Übung 9, damit die Starre sich löst und Sie wieder mehr fühlen.

47

Die Kinder lieben

Atmen Sie in Ihr Becken ein, lassen Sie
den Atem weiter in Ihr Herz fließen und
hinaus zu Ihrem Becken, Beinen,
Füßen und Zehen zu den Kindern der Welt.

Die Kinder lieben

Atmen Sie im Sitzen oder Liegen in Ihr Becken hinein. Stellen
Sie sich vor, Sie würden mit einem Lappen unter den Leisten her-
wischen. Stellen Sie sich Ihre Oberschenkel wie Röhren vor. Die
Kniekehlen sinken nach hinten, im Liegen unter das Bett, im Sitzen wie Taschen hinten an den Waden entlang. Ihre Waden sind
wie Röhren, Füße und Zehen sind ganz offen. Sie atmen ins Becken und streichen wieder durch die Beine, bis Sie mit dem Ausatmen das Gefühl haben, dass das ganze Becken zur Röhre wird.
Atmen Sie vom Kreuzbein in Ihr Becken, lassen Sie das Einatmen
in Ihr Herz fließen. Dieser Herzatem fließt zu Ihrem Becken, Beinen und Füßen und aus den Füßen und Zehen nach draußen wie
ein langer Lichtstrahl in die Welt zu den Kindern.

48

Dem Partner und sich selbst
verzeihen

Beenden Sie alte Dinge, indem Sie verzeihen
und einen Schlussstrich ziehen, und lassen Sie
Ihre Liebe in Ihre Partnerschaft fließen.

Dem Partner und sich selbst verzeihen

Bevor Sie die Liebe fließen lassen, ist es wichtig, dass Sie
Altes verzeihen und alten Groll beenden. Oftmals müssen Sie
sich selbst verzeihen, beispielsweise dass Sie sich nicht
geordnet oder geschützt haben, dass Sie nicht gesagt haben,
was Sie wollten, und sich nicht an der richtigen Stelle gewehrt
haben.

Wenn Sie möchten, dass Liebe wieder in Ihre Partnerschaft
fließt, müssen Sie die alten Dinge beenden. Ein guter Abschluss ist, wenn Sie sich und dem anderen das, was geschehen ist, wirklich verzeihen. Verzeihen bedeutet, dass Sie
sich mehrere Tage ansehen, was Sie dem anderen oder sich

selbst nachtragen. Wichtig ist, dass Sie erkennen, dass Sie immer wieder in die gleiche Falle laufen und bereit sind, einen Schlussstrich zu ziehen und Neues zu beginnen.

Setzen Sie sich bequem hin, fühlen Sie in Ihr Becken hinein, und verwurzeln Sie Ihre Gesäßbacken in Ihrer Vorstellung an vielen Stellen mit ganz feinen, wunderschönen Haarwurzeln. Atmen Sie dann in Ihr Becken hinein ein, und atmen Sie an Beinen und Füßen entlang aus.

Stellen Sie sich Ihren Partner vor, und setzen Sie ihn in Ihrer Vorstellung in einen Sessel, der Ihnen gegenübersteht. Atmen Sie in Ihr Becken ein, lassen Sie Ihren Atem beim Einatmen zu Ihrem Herzen fließen, und stellen Sie sich vor, dass Ihre Herztüren sich öffnen und Ihr Atem mit all der Liebe zu Ihrem Partner hinüberfließt. Lassen Sie die Liebe um ihn herumfließen, lassen Sie sie durch ihn hindurchfließen, lassen Sie sie zu seinen Füßen fließen, und schenken Sie ihm Ihre Liebe.

Diese Übung können Sie alleine oder gemeinsam mit Ihrem Partner durchführen. Wichtig ist, dass Sie das Alte vergeben und vergessen, bevor Sie etwas Neues beginnen und sich von Neuem der Zukunft zuwenden.

49

Liebe durchdringt die Arbeit

Heute vergolden Sie Ihre Arbeit. Legen Sie Ihr Projekt in Ihr Becken, und lassen Sie Ihren Herzatem und Ihre Liebe wie einen Lichtstrahl hindurchfließen.

Liebe durchdringt die Arbeit

Schließen Sie in den ersten beiden Tagen Projekte ab, die nicht funktioniert haben oder mit Ärger, Verlust oder Zorn verbunden sind. Dann blicken Sie auf die neuen Projekte. Sie atmen ein, lassen den Atem ins Becken fließen und zu den Füßen nach draußen. Nach dem dritten Mal atmen Sie ein und lassen Ihre Kraft ins Herz fließen. Legen Sie Ihr Projekt in Ihr Becken, und lassen Sie Ihre Liebe wie mit kleinen Lichtstrahlen hindurchfließen. Oder Sie legen es vor sich in den Raum. Sie atmen ins Becken ein, lassen Ihren Atem zum Herzen fließen, nehmen den Herzatem mit vom Herzen zu Becken, Beinen und Füßen und lassen die Liebe aus den Zehen in das vor Ihnen liegende Projekt fließen. Das kann auch mit einem verstorbenen oder ehemaligen Partner geschehen.

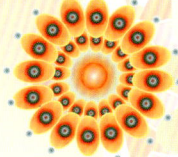

50

Sich selbst Liebe schenken

Lassen Sie die Liebe in Ihre Hände fließen, und streicheln Sie mit glatten, zarten Händen ganz sanft Ihren Körper.

Sich selbst Liebe schenken

Streicheln Sie mit glatten, zarten Händen Ihren Körper mit sanften, kreisenden Bewegungen. Beginnen Sie auf der Hand, dem Arm, der Brust oder dem Gesicht. Gehen Sie jeden Tag mit den kreisenden Bewegungen ein bisschen weiter über Ihren Körper. Falls Sie Körperregionen nicht mögen, gehen Sie erst nach einigen Tagen zu ihnen über. Massieren Sie so zart, als würden Sie auf einer Wasseroberfläche arbeiten. Bei der zarten Massage wird das Lymphsystem stark aktiviert. Nach wenigen Tagen, später innerhalb von wenigen Minuten, können Mengen von Speichel im Mund zusammenfließen. Durch die zarten Berührungen wird Oxitoxin in Ihnen ausgeschüttet, ein Hormon, das Gefühle hervorruft wie bei Verliebtheit und beim Stillen eines Kindes.

51

Die eigene Sexualität lieben

Atmen Sie in Ihr Becken ein, lassen Sie
den Atem dabei langsam hoch zum
Herzen fließen und beim Ausatmen mit
Ihrer Herzkraft zu Ihren Genitalien.

Die eigene Sexualität lieben

Wenn Sie ganz im Leben stehen wollen, gehört auch die Sexualität
dazu. Dies ist eine Übung, die Sie zu Hause machen. Sie nehmen
sich Zeit, wählen einen gut beheizten Raum oder legen sich in die
warme Badewanne. Sie legen die Hände auf Ihr Becken und atmen
erst einmal vom Kreuzbein in Ihr Becken hinein ein. Beim Einatmen
lassen Sie das Becken weiter werden, beim Ausatmen fließt der
Atem am Anfang wie sanftes lauwarmes Wasser an den Beinen
hinunter zu den Füßen nach außen. Wenn Sie diese Übung eine
Zeit lang gemacht haben, fließt der Atem beim Ausatmen auch
vom Becken aus durch die Beine, durch die Füße, durch die Zehen
nach außen. Bisweilen sind die Leisten sehr verschlossen. Dann
gehen Sie in Ihrer Vorstellung in das Becken hinein und streichen

mit einem weichen Tuch unter Ihrer rechten Leiste, unter dem Schambein und unter der linken Leiste hin und her. Atmen Sie ein, und lassen Sie den Atem dabei langsam hoch zu Ihrem Herzen fließen und beim Ausatmen mit Ihrer Herzkraft vermischt hinunter zu Ihren Genitalien. Lassen Sie Ihre inneren und äußeren Geschlechtsorgane sich ganz damit füllen und die Herzkraft in Ihren Geschlechtsorganen kreisen. Dies ist eine besonders gute Übung, wenn Sie Schwierigkeiten oder gesundheitliche Probleme mit Ihren Geschlechtsorganen haben.

Dann stellen Sie sich die inneren und äußeren Geschlechtsorgane vor. Die Energie fließt in jeden Bereich: bei den Frauen in die Eierstöcke, in die Gebärmutter, in die inneren und äußeren Schamlippen. Lassen Sie die Liebe auch in die Blase und in den After hineinfließen. Wenn Sie ein Mann sind, lassen Sie sie zuerst in Ihre Blase, dann in Ihre Prostata, anschließend in Ihre Hoden und ganz zum Schluss in Ihren Penis und nach außen fließen. Viele Männer haben hochgezogene Hoden. Stellen Sie sich einmal vor, die Hoden werden immer dicker und so groß, dass Sie bis zu Ihren Oberschenkeln sinken. Sie werden merken, dass Sie auf Dauer sehr viel Spannung und – ganz unerwartet – auch sehr viel Nackenspannung loslassen, weil die Hodensäcke direkt mit dem Rücken und dem Nacken verbunden zu sein scheinen.

Die universelle Liebe

Liebe durchfließt alles in unserem Leben,

Liebe ist immer vorhanden.

Auch wenn Sie die Liebe nicht fühlen,

alles wird durch Liebe bewegt.

52

Die universelle Liebe

Atmen Sie in Ihr Becken ein, und lassen Sie den Atem außen an Ihnen entlanglaufen. Er baut ein Schutzschild auf, den so genannten Mantel der Liebe.

Die universelle Liebe

Liebe durchfließt alles in unserer Welt, Liebe durchfließt alles in unseren Projekten, sie durchfließt alles auf unseren Reisen, in den Beziehungen zu unseren Partnern, zu unseren Eltern, zu unseren Kindern. Sie durchfließt alles in unserem Leben und ist immer vorhanden. Auch wenn Sie sie nicht fühlen, so bewegt sie doch alles.

Die universelle Liebe, die Liebe, die immer da ist, ist das Allerwichtigste. Diese Liebe ist nicht von Religionen oder Religionsführern abhängig, ebenso wenig wie von unseren Weltenzyklen, die kommen und gehen. Länder sind groß, doch Länder werden klein. Unsere Familien sind groß, unsere Familien werden klein. Länder, Erdteile und Religionen verschwinden, doch die universelle Liebe bleibt immer.

In dieser letzten Übung verbinden Sie sich mit dieser immer-während Liebe. Die universelle Liebe ist unabhängig von unserem Herzen. Sie ist immer da, durchfließt immer alles und schützt uns auch, wenn wir wissen, wie wir uns in diese universelle Liebe hineinbegeben.

Legen oder setzen Sie sich für diese Übung hin. Atmen Sie in Ihr Becken hinein, und stellen Sie sich vor, dass Sie mit einem wunderschönen, weichen Lappen Ihr Becken innerlich wie eine große Schüssel auswischen. Dann streichen Sie Ihre Beine innerlich aus, die Oberschenkel, die Kniekehlen lassen Sie sinken.

Als Nächstes streichen Sie die Knie aus, dann fühlen Sie zu Ihren Waden, streichen sie aus, erst die rechte, dann die linke, dann gehen Sie in Ihrer Vorstellung weiter zu Ihren Füße und Zehen.

Die Zehen werden zu verlängerten Röhren, sie werden min-destens 40 cm oder 1 m oder 2 m länger. Sie atmen in Ihr

Becken ein und lassen diesen Atem durch diese wunderbaren Beine, Füße und langen Röhrenzehen durchlaufen.

Wenn Sie das ein bis zwei Tage durchgeführt haben, atmen Sie in Ihr Becken ein, lassen aber beim Ausatmen den Atem über die Außenseiten der Ellenbogen zu den Hüftgelenken, dann zu den Außenseiten der Knie und weiter zu den Außenseiten der Füße hinweglaufen. Der Atem, der außen an Ihnen entlangläuft, baut mit der Zeit ein Schutzschild auf, den sogenannten Mantel der Liebe.

Üben Sie einfach weiter.

Wenn Sie das Gefühl haben, dass der Nacken verschlossen ist, nicken Sie ein bisschen mit dem Kopf, wie in der Übung 9 beschrieben.

Wenn Sie das Gefühl haben, dass der übrige Körper verschlossen ist, nehmen Sie sich noch einmal die Übungen vom Anfang des Programms vor und öffnen mit ihnen nach und nach Ihren Körper.

Viel Freude beim Mantel der Liebe.

Schlusswort

Das Schlusswort ist das Schwierigste. Es ist wie ein Abschied von dem Projekt, das ich seit Jahren innerlich gepflegt und gehegt und groß habe werden lassen und das in den letzten Wochen und Monaten Gestalt in Schriftform angenommen hat.

Dieses Projekt ist seit über 20 Jahren in meinem Herzen. 1981 durfte ich durch den Ägypter Dr. Salahuddin Eid die Liebe in meinem Leben wieder erfahren. Er war ein großer Sufi, ein Mystiker. Er hat mir beigebracht, die Liebe wieder in mich, in meinen Körper und in meine Welt zu integrieren. Dazu benutzte er geistige Übungen, Mantras und körperliche Übungen.

Eine Essenz dieser Schulungen habe ich für dieses Buch ausgewählt. Sie werden nicht alle Übungen als die für Sie richtigen erachten. Wählen Sie einfach die Übungen aus, die Sie als richtig für sich empfinden. Im Grunde dürfte es ausreichen, mit etwa 15 bis 30 Übungen zu arbeiten, um das Herz wieder zu aktivieren.

Des Weiteren möchte ich in meinem Schlusswort meinem Ehemann Walter Holl danken, der seit Jahren liebevoll meine Buchprojekte unterstützt und begleitet.

Außerdem Karin Kallas, die stets dafür verantwortlich ist, dass meine Werke in den Computer übertragen werden.

Mit dem Ende dieses Buches entsteht in meinen Gedanken schon ein neues »5 Minuten für ...«.

Wenn Sie an einem bestimmten Thema Interesse haben, schicken Sie mir einfach eine E-Mail. Ich werde dann sehen, was Sie besonders interessiert und – wer weiß – genau darüber ein neues »5 Minuten für ...« schreiben.

Haben Sie vielen Dank für den Kauf des Buches und für die Arbeit mit diesem Programm. Es wird etwas verändern, in Ihrem – und in meinem – Leben.

In Liebe und Dankbarkeit

Maria Holl

Literatur- und CD-Empfehlungen

Chang, T. Stephen: Das Tao der ganzheitlichen Selbstheilung
Chang, T. Stephen: Methoden des medizinischen Tao-Systems

Draayer, Hetty: Finde dich selbst durch Meditation
Draayer, Hetty: Das Licht in uns

Holl, Maria: Tinnitus lindern
Holl, Maria: Mit Power-Tao zu Glück, Liebe und Erfolg
Holl, Maria: Fünf Minuten für mich
Holl, Maria: Tinnitus lindern (CD)
Holl, Maria: Besser schlafen – tief und erholsam (CD)

Kurtz, Ron: Körperzentrierte Psychotherapie
Lama, Anagarika Govinda: Der Weg der weißen Wolken
Lowen, Alexander: Bioenergetik
Schwäbisch, Lutz / Sienus, Martin: Selbstentfaltung durch Meditation

Impressum

© 2008 by Südwest Verlag, einem Unternehmen der Verlagsgruppe Random House GmbH, 81673 München

Redaktion:
santé - rédaction
Projektleitung:
Sven Beier
Redaktionsleitung:
Karin Stuhldreier
Bildredaktion:
Sabine Kestler
Herstellung:
Sonja Storz
Umschlag:
R.M.E. Eschlbeck/ Kreuzer/Botzenhardt unter Verwendung eines Motivs von Daphne Patellis
Illustrationen:
Daphne Patellis, München
Layout:
X-Design, München
Producing und DTP/Satz:
vm-grafik, Veronika Moga, München

Druck und Bindung Anpak Printing Ltd., Hongkong

Printed in China
ISBN: 978-3-517-08338-4
817 2635 4453 6271

Über die Autorin

Maria Holl studierte Sozialwesen und Psychotherapie. Am International Institute for Bioenergetic Analysis, Alexander Lowen in New York machte sie ihren Abschluss in Bioenergetischer Analyse, die sie seit über 30 Jahren betreibt. Seit 1981 ist sie als Psychotherapeutin, Beraterin, Meditationslehrerin, Betriebscoach und Tinnitus-Atemtherapeutin in eigener Praxis in Aachen tätig. 1996 entwickelte sie die von Krankenkassen anerkannte Tinnitus-Atemtherapie (TAT) nach Holl®. 2004 folgte die Life & Work Mastery (LWM) nach Holl®.

Kontakt:
Praxis Maria Holl, Klemensstraße 3, D-52074 Aachen, Telefon: 0049-(0)241-513850, www.maria-holl.de

Hinweis

Das vorliegende Buch ist sorgfältig erarbeitet worden. Dennoch erfolgen alle Angaben ohne Gewähr. Weder Autorin noch Verlag können für eventuelle Nachteile oder Schäden, die aus den im Buch gemachten Hinweisen resultieren, eine Haftung übernehmen.